CHRISTIE WILLIAMSON has written poetry for most of his conscious life – wandering the banks of Yell as a child, during his study hour at the Janet Courtney Hostel and as a Media (then Investments) student at the University of Stirling. The poems in this collection began appearing in 2003, and pay the big and the small questions in life their due. When performing as Federico Garcia Lorca in the Edinburgh Festival Fringe, 2006, he was invited to create Shetlandic versions of some Lorca poems. These were succesful, and resulted in his first publication – the pamphlet 'Arc o Möns' from Hansel Co-operative Press, which won the Callum Macdonald Memorial Award 2010.

Oo an Feddirs carries the striking imagery and rhythm which came through 'Arc o Möns' to themes of family, love and loss – not so much a manifesto as a manifestation through poetry of what it's like to be him – a living, breathing human being like any other. This is his first full length collection.

AF005876

Oo an Feddirs

CHRISTIE WILLIAMSON

Luath Press Limited
EDINBURGH
www.luath.co.uk

First published 2015

ISBN: 978-1-910021-62-0

The publishers acknowledge the support of

ALBA | CHRUTHACHAIL

towards the publication of this volume.

The paper used in this book is recyclable. It is made from
low chlorine pulps produced in a low energy, low emissions manner
from renewable forests.

Printed and bound by
Bell & Bain Ltd., Glasgow

Typeset in 10.5 point Sabon
by 3btype.com

The authors' right to be identified as author of this work under the
Copyright, Designs and Patents Act 1988 has been asserted.

© Christie Williamson

For Hazel

You'll never see the plantin' for the trees,
This Eden where Adam comes fu circle yet.
HUGH MacDIARMID

Each man is a half-open door
leading to a room for everyone.
TOMAS TRANSTRÖMER

Contents

Acknowledgements	13
Arc	15
Next Step	16
Serenade	17
In search of Duende	18
Muse	19
Coming Home	20
Pock	21
Trackside	22
Hard Won	23
Lovely Drap	25
Authority	26
Voyage	28
Spotted	29
Horizon	30
Guide	31
Gaet	33
Popping up	34
Trouble	35
Orange	36
Med a staurs	37
Overboard	38
Minus (circa) sixty-four days	39
Vesscl	40
Writing a Standard	41
Stump	42
Parasites	43
Haundline	45

Brunt Black	46
Revolution	47
Crossin	48
Introduction	50
Slippit	51
Bellows	52
Misplaced	53
Tattie	54
Dump	55
Carnival	56
Ee mair	57
The Declaration of Martha Street	58
Unforgettable	59
Wired	60
On losing his heart in a good way	61
The only way	62
Thule	63
Da Burn	64
Quickening	65
Associate	66
Ecouter et Repeter	67
Venture	68
Da windirs o technology	69
Guitar	70
Something Fishy	71
Aniddir Settirdee Nicht In	72
Böd	73
Exposed	74
Half and half	75
Drag	77
Leftover	78
What we did before	79
Pechin	80

Mead	81
Child	82
Ay lairnin	83
Thicker than water	84
Mercury	85
Invaders	86
In Pin	87
Clachan	88
Troot	89
Burns	91
Afore	92
Truth	93
From Light to Air	94
Receipt	95
Puddles	96
Sandcastles	97
Glossary	99
Endorsements	103

Acknowledgements

A number of these poems first appeared in 5PX2, a collaborative anthology from Torino Poesia in collaboration with Luath Press.

Versions of many have appeared in the *New Shetlander, Shetland Life, Gutter, Lallans, Northwords Now, Southlight, Poetry Scotland* and *New Writing Scotland*. The editors of these publications are acknowledged.

'Writing a Standard' was first published in 'Spellwinders'

'Arc' and 'Mead' were first published in 'Navigating Home'

'Burns' was commissioned by conFAB for Hidden Tramway in 2009.

'Drag' was made for Peter McCarey's Confabulary, a collaborative version of his Syllabary which can be found at www.knot.ch

Parasites received a commendation in the Wigtown Poetry Competition in 2006, which helped no end.

A number of individuals have provided me with inspiration, encouragement and advice over the years. If I attempt to start naming them I will inevitably make a dreadful omission, but here goes anyway. Eirene, Cheryl, Rob, Nalini, Gerrie, Corinne, Jim, Peggy, Martin. I could go on and on. You know who you are. Thank you.

The author gratefully acknowledges the support of St Mungo's Mirrorball and Glasgow City Council through the Clydebuilt apprenticeship scheme in 2008–9.

Sandy, heid da baa.

Christine, thanks fur aathin.

Alan, bliss de.

Tae Mam an Dad, a'm prood o you.

John, Robert, Maria, wir fower sides o ee coin.

Oliver, Verity, fur (nearly) aa da oors A'm spent wi a shilpit faes at da laptop, dis is whit A'm bön up tae.

Hazel, dis is fur de.

Arc

I juggle boats
for my eldest son.
He throws them
from his bath.
I catch them,
use their gunwales
as meridia,
send them sailing
through the air.
Sometimes they stay
up there as long
as it takes
for the present
to slip
into the past
before one goes too far,
all three sink
to the floor.
Oliver laughs.
I remember
when someone else
was the clown
wishing he
was the child again.

Next Step

The last of last year's snow
sinks in beneath the first sun
of something warmer.
Peace soaks into
just discovered skin
and ground that a world ago
felt feet like ours
step along the way.
The bluebells reach their arms
into the sky, poke
their heads above the final
parapet of darkness.
In the blinding light
of that squinting sun
they see daffodils
withering back
to whence they came
once more
and the child sleeping
in the shadow
of a once was oak
reminds us life
goes on far longer
than you and I.

Serenade

In between indefinite
and infinite
in here
the days spent waiting
for the drugs to kick in
drag the latest
catch in, a cold
night in a warm
bed, a blanket
bandied about
a piece of string
as long as the night
is guaranteed to slip
into breakfast rounds,
observations, medication
cocktails stuck
down throats
of nestlings choking
on the song
they're trying
to get out.

In search of Duende

They looked for me
in the Royal Albert Hall.
I was not there.
They looked for me
in the Sydney Opera House.
I could not be found.
They looked for me
in Paris, Rome, New York and Buenos Aires.
I was nowhere to be seen.
An old shepherd chews memories,
weary boned and leather skinned
from decades given to his mountain flock.
He invites hot liquid
into small cups
and smiles.

Muse

for Hazel

Your body is poetry.
Words and images
stick to my fingers
when I run them
through your hair
to rub off onto pages
we turn together.
Your body is poetry.
Simile and metaphor
soak into my lips
from your mouth and
linger when we kiss,
waiting to float off
into the air.
Your body is poetry.
In it, I find everything
I need to know.
Power, passion,
drama, love.
Life and death
are cradled there.

Coming Home

We left more
than empty bottles
at the Blasted Oak.
In the second car
no-one watched
the road signs.
'How about North?'
Seemed like a plan
but we couldn't
see the wood
for the new road,
parted ways
before anyone
was where they were going.
I didn't make
as far as our door
before Hazel and the babies
surprised my eyes
bearing gifts
I couldn't pay for
from Lochvarish.

Pock

I canna takk da day.
Canna takk da white cloods
waetin fir wis i da pale blue lift.
I canna takk da day.
Canna takk kyissin mascarpone
an straabirry ice cream remnants
aff a dy lips.
I canna takk da day.
Canna takk droonin
in smoorikins it da Tavern door.
I canna takk da day.
Canna takk da messages
we scrieve wan anidder i da saund.
I canna takk da day,
bit dis pebble, no faunsy,
no jet polished black as ice,
no quartz sheenin laek staurs
i da nicht, choost pink an white
an black an roond is perfect
in hits ain an ivviry wye.
An aawye I geeng
hit'll be here, i me pock.
An aawye I geeng
Ah'll be here wi de da day.

Trackside

Comin hom fae hom
da laetir train, cheap
at half da price
o da first een I dared
ta try, stops
whaur du grew up
dir nae bein ony
equivocation
in dy biography
an I saa da sea
at gied de
da taest fir siller,
a tiller ta steer
trow unkin tides
atil I cam alang
clambird aboard
an we kerried on,
nixt stop unpackin
da bags, tackin
de i mi airms
an braithin in
da waarm air
o bein dine
fur ivvir mair.

Hard Won

Before any letters had gone
we reached into the home made
hand stitched green cloth bag,
your hand and mine
instinctively avoiding
the funny shaped F
from the travel set.
We placed our tiles,
U and I face up on the board,
waiting to be stacked into pews.
From the double word
at the heart of our night
a litany of our pasts
and our futures grew,
filling out once empty corners,
squeezing consonants
into busy crannies,
words following letters
we thought would stay
in our hands forever.
As the orange coal glow
in the grate mellows,
remnants of Horlicks dry
to the bottom of thick blue mugs
and when we shake the bag
fewer and fewer possibilities
remain unknown, unexpected.
'Honesty' is a seven letter word,
hidden from your poker face.
'Problems?' you ask, eager to pass

your hard won wisdom on,
but proud before a fall, I smile
say 'Only the best kind,'
play 'Shot' onto 'Foot'
for fourteen.
No-one scored a bonus that night
and I will never know your wisdom,
but now I have a hand
of my own to lead
I understand your need to pass it on.

Lovely Drap

Du is a weel braithed bottle
o Chateau Latour, 1964
even doe du's ower young
ta keen whit hit taests laek
an Ah'm ower poor
ta pey da sommelier.
Du is a droplet o vodka
stuck ta da boddam o a ice cube
even doe du's as warm
as a cott o Russian sable
an my bons as caald
as a dry nort wind.
Du is purest, sweetist wattir
half agien in Clyenelish,
arousin me, mellowin me
bringin da best in me ta life,
an I im a gless o finest crystal
clingin on ta ivvery drap.

Authority

In her book
all the numbers add up,
all the columns
go forth
and multiply,
and as it is written
so shall it be
that we
fill every seat,
that now
is as sweet
as every drop
of nectar
that ever fell
from honeysuckle summers,
and that then
when it comes
will be perfect
like her hand
in the book,
like her hand
on my cheek,
like her whisper
in my ear
and when I see
the book is open
I know faith
is not misplaced,

I know hope
is not misguided,
I know love
can be perfect
now and then.

Voyage

Whin I fell aff da planet
dey wir nae wye back
an my fingirs trembled
haddin on ta da wheel
o a skyboat
sailin itae da licht.
Da wattir glinders,
wi a risin sun
skippin stons
oot ta wha keens whaar
an wha cares
whaar hit comes fae
is lang is hit takks wis
by da lee
oot a shallow grunds,
sails burstin
wi da warm wind o love,
da constant tide
o belongin
pooin wir keel.

Spotted

Aniddir een fir da book.
Caught short aff a Brough Lodge
shø wan in under canvas

wi a favourable force fower
helpin hir fin da richt side
o da Hed o Hevdagird.
A white cross layin on a bluid
rid bed, I'd seen da flag
on da page afore, kent
whaar hit wis fae
bit nivvir towt I'd see
hit flap hit's wye doon Mid Yell Voe
an adventure I wisna lookin fur
trow da Russian spyglesses.

Horizon

A licht sheens
on lovin shadows
brokkin at da fit
o da cliff
we clung on ta
wi ivviry braeth
an ivviry fibre
we could fin
at kept wir fingirs
i da coorse, dry heddir
fir lang eneoch
ta keen at we
wid geeng tagidder;
fir lang eneoch
ta keen at hit
wis lonly at da tap;
fir lang eneoch
ta keen at dis
could nivver be
ony idder wye.
Oot by da point
o nae return
a boat flotts on.

nawtheen ahint it
bit rocks an brackirs.
Nawtheen afore hit
bit love.

Guide

for SM

Imagine faain
heady craa itae a wirld
du kent naetheen o,
dy een glinderin
ta makk wit o shaeps
an colours at shone
laek staurs da lift
hed nivvir seen.

Du'd perish athoot
a guide ta shaa de
da goodness o life
an keep de fae hit's ills.

Du'd droon athoot a pair
o airms ta keep de aflott
in seas du'd nae notion
fu ta navigate.

Du'd disappear
athoot a heart
ta keep da time
du needs ta fin dy wye,
ta fin dy feet.

Du is dat anchor
haudin strang i da storm.
Du is da mawst
important person tae dy
mawst important person.

Du's as precious
as da day at shon apö
hir comin intae da wirld.

Keep da fires in.
Be da good
du needs dy bairn
tae see.

Gaet

As ee doors awpinned
da blinds come doon
apö aniddir day
o pittin ee fit
afore aniddir, takkin
mair steps forrird
as backlins
an gjittin back up
as aften
as du faas.
Da end means nawtheen
ithoot whit's gien
an shuttin dy shøn
awa i da draair
doesna mean
dey'll end dir days dere
ony mair
as whaar wi win tae
an whaar wi med fur
is ay da sam pliss.
It's whaar you aim
at makks a man,
an fu you win.
Whaar wi end up
is neddir here nor dere.

Popping up

Rich soil, a human
face that's loved
that's lost its way
that's found the depths
waiting to unmask
taskless thanks.
If there are furrows
in your brow
they're ploughed
by the deep blade
of your heart
that cut through stone
to hone hollows
in which the seeds
of everything that you
and I need
germinated, swelling
unstoppably, probing
bursting the surface
to unfurl their arms
at the rising sun
to show with their
green tendrils that in
the age old battle
hope is winning.

Trouble

The trouble is
you like me
and I like you
and never having chosen it
no-one can unchoose
this trouble for you,
trouble for me.
The trouble is
I am me
and you are you
and we're really very different
but sometimes seem the same.
Trouble for you,
trouble for me.
The trouble is
what I'm saying is true
and it has to be
and it's only you
whose heard it from me.
Trouble for me,
trouble for you.
The trouble is
I won't just leave
because I think that you
are worth living for
so I'm still here
thankful for this
trouble for you
trouble for me.

Orange

At last
I hae de
i me haunds,
caress
dy saft, bricht
tender skin
an I keen
at dis
is richt.
I peel
awa dy
lonliniss
an tease
my fingirs
inta de
an loosen
flish fae
clingin flish
tae taest
anidder
wirld in de.
I keen
hit gjits
nae bettir
as dis
dy juice
aa ower
my faes.

Med a staurs

Du is da pyre
at sings ower da horizon
da licht at rises
whan da daurkness sinks
da pawttrin a pinpricks
at tricks da nicht
intae feelin laek a hail
new day has turned roond
da magic at spins
mi wirld upside doon
at takks da void
an makks hit inta fire.

Overboard

Da shoormal
is faur awa
fae whaar I im
as I look back
ta see whit's gien
noo I keen
whit's afore
as my gaff
blaas awa
on da saft wind
o dy caress
an I cut da rop,
laive hit flappin
aff da starn,
watch my pain
droond
in dy een.

Minus (circa) sixty-four days

Aquatic acrobat
protected from
stresses that form
meaning from some synthesis,
a mystery I won't ever know
the answer to, will you turn
your back into a work
of art, vertebrae stretching
images over appetites
that no amount of pulled wool
could sate?
Fold your arms around yourself.
Hear the silence singing
in the rain.

Vessel

Da sweet saat salve
o a thoosand oors
sticks ta my lips
laek magic
an da wind
fills sails
at nivvir kent dey wir dere
wi rain
at nivvir kent hit hid faan.
I cling on
ta da gunnels
at keep me alive,
craal aa ower
da slippery deck
o dy love
lookin
fur a awppinin
ta pour mesel
intae de.

Writing a Standard

As passing as a grain of pollen
sinking from the night sky
into yawning fields of rape

as everlasting as the wind
sighing through fingers
of forgotten forests

this moment will never
come again.
Its tune will play

when we no longer can.
Artists do not give birth
to this timelessness

of spirit which will carry
feeling through hands,
meaning through ears

which can't yet hear.
It gives birth to them.

Stump

No raekin as high
as hit eence did
hit points a brokkin fingir
ta whaar hit wis wint ta be.
Gray broon bark strips aff
sinks doon an doon
wi ivviry passin year
laivin a whicht shadow
anunder da lift.
A dry damp nae life
emptiness fills da air,
taestin o green fruit
at'll nivvir turn black.
Dis endin o things
is nae escaep.
Hit comes on wis
fae naewhaar,
takks wis back dere
langir as we'd laek.

Parasites

Whit does du tink hit means
wi de faunsy wirds
an de slack smile,
bön wi aabuidy
gjaain naewhaar
laek da mapmakkir
draain da haert o Shanghai
gjittin lost
atween Dim Sum
an fresh lychees,
laek da accountant
blaain aa his credit
an losin his cheenge
atween livin free
an deein aald;
laek da merchant
grown fat
on shakkin his heid
wirkin aathin oot
keepin aathin in;
laek da kind voice
hearin ay hoo it's wrang
seein ay hoo it's richt
keepin ay oot a sicht;
laek da queek tongue
firin verbal bullets
at conceptual targets
trow a funnellin telescopic gless;

laek da ivy
feelin hit's wye
ee step faurder itae da wid
ivviry day
no keenin whit threatens hit
ony whit keeps hit alive.

Haundline

Dippin aneath da rip
o a new mön tide
phosphor sings
wi da driftin kyiss
o a staurlit waltze.
Da grund awppins.
Waves whisper
sweet sometheens
ta smooth necks,
ticklin da bellies
o selkies wi fingirs
dancin cheek ta cheek,
da sang giein leegs
ta waek heids
nibblin aa nicht
on da huik at glistens
anunder da boo.

Brunt Black

Da liquid gied
fae da boddom o me pan
an da maet brunt
a tick, black lower crust
an I cursed an swore
an naebuidy got it,
tellt me
hit wid be aricht
tellt me
hit wid choost add flavour.
Da liquid gied
ta da boddom o me belly
an I cursed an swore
brunt black wi rage
cut aabuidy tae bits
an dey shot me doon
an I didna git it,
tellt dim
hit wid be aricht
tellt dim
hit wid choost add flavour.
Wir aa gjaain ta dust
whin wir bön trow liquid
an oot da idder side.
Wi'll see whit wi'll see
whan wi win dere
if be den we even care.
I say hit'll be aricht.
I say hit'll choost add flavour.

Revolution

for RAW

Ivviry moarneen da sun
haals licht laek scurtfus
o flibberin fysh ower da height,
ower da lent o wis aa.
Afore da wirld haes circumnavigaetit
hit's wye back ta whaar dat aa began,
ee day comes an geengs.
Fu lang does hit takk
ta fin oot whit mettirs,
ta keen whit nivvir will?
As lang as hit takks
ta pit de lips ta wark
on a plum i da sun.
As lang as hit takks
ta run da perfect bath
an lie in him.
As lang as hit takks
ta live da ony life
wi'll see in dis lifetime
at started wi a heid
pokkin oot laek da sun
fae anunder a clood.

Crossin

Dey biggit dat brig
ta dø whit brigs
dø da wirld ower –
ta takk life
an hit's trappins
fae ee side
ta ee iddir side

ta takk hit aa
richt back
laek sharp wirds
spokkin i da steuch
o mair drink
as wid ivvir be eneoch.
He got on hit ivviry
moarneen, gied
halfwye afore he slippit
da clips fae da black
leddir kjist, haaled
Harlem gowld
itae da awppin air
pat da braeth
o da best he hed
ta offer ony god
oot dere fir ony
man, wife, bairn
at cared ta dare
step oot

inta oncoming tracks.
He wis ower weel
versed ta offer
ony less as mair
he kent he hed
on da stage
he med his ain
ta dø wi whitivvir
he ay wissed
he'd hed da chance
an noo he'd da wan
an ony wird, we fan
at we hed mair
ta lairn fae him
as fu ta be graet
wirsels.

Introduction

Apertures as wide
as clydeside campsites
let in the light
that blocks out
the day to day,
the nine am amen.
This lifetime sunrise
opens its eyes,
cries a blessing
on the first room
she's ever known
that hasn't been a womb.
And in her thrashing
of life from the air,
from mother's milk,
from flesh made furious
calculi of equilibria
peace descends
as the waiting ends.

Slippit

I'd reddir be a rat
as a haund on a bucketfu
o boondless drifters
at crossed da line
ithoot keenin fu ta turn
dir ploos inta crosses,
seekin ta sneak dir wye
oot a wattirs at wid rive
dem sinew be teddired sinew
til dey wir nawtheen
left fir a unkin shore
ta swalloo hale, nae sinkin ship
ta push on intae
uncharted moratoria
laek a doo at fan nae branch,
at lat hir sang
escaep.

Bellows

for JW

In dat deep
he hed ta haal
his ain air
doon da ancient
stair, still
he wis kül eneoch
ta drap
da tap half
o da sax
ta dry
his dreepin broo
half wye trow
flottin a not
fae da tap
o da pile
tae da truth
at nae want
o tellin
could damp
da spark
as he set
da nicht ablaze.

Misplaced

Guage da depth
if du dares.
Du'll shøn see
da tunnels
starin oot
o his faes
bored him,
left nawtheen
bit a shoogly waa
whaar da core
wid a rotted awa
if he hedna lost hit
bit by bit
i da mirk.

Tattie

for MR

I canna bear it,
canna care ta see dem cut an tear
an hack an rive an peel an pare it
aff a dy moist flish
when aa I want dø is feast
me moo, me teeth, me lips, me tongue
aa ower dy saft broon skin

Dump

Dey caaed hit
a mechanical graveyaird
but i da haerthol
o dat burial grund
o brokkn axles, roostit boadies
an steering wheels
turnt heedy craa
I saa mair
as da end o da rod.
Draems wis boarn dere,
da graetist mysteries
o life pitten richt
wi nawtheen mair
as da wind i de hair
an a maetin o minds.

Carnival

A grade A day
for baby's first parade
dragons made
from papier mache
roar down
the Kelvin Way
fire regulations
up in smoke
slow to stoke
sleepy heads sink
on shoulder high seas
flanked by samba
swaying trees, dancing
as drummers turn
peace to party
beginning the dream –
underneath her tuft of hair
the music to find
where it might end.

Ee mair

Whan I raekit
athin hir een
I saa truths
I nivver towt
I'd dare ent
an fan fears
at kept me frozen
fell awa,
sank laek icebergs
tippin aff da verge
swallin tides
I canna resist
puin currents
trow da eye
o a empty needle
ta lat dim flott
itae da cloodless sky
o ee mair life.

The Declaration of Martha Street

I hereby, duly and solemnly declare
that this is my responsibility,
that I and my actions
have knowingly caused
five years and more
of runny noses,
of skint knees,
of tears before bedtime
of soap in the eyes,
that I have done this
that I will never go back
that whatever happens
it's me
I am the daddy
and I always will be
for the rest of my life.

Unforgettable

Dis day o dine
is dy first, dy
langist yit, seein
da sky laek du
could nivver tink
aa on dy ain
richt here wi wis
bein desel
laek nivver afore
an dis time
dis life at's aa du keens
o suspension in wattir
da warm flow
fae ivvery side
is gjaain ta be
completely firgottin
whin da hertbaet
comin trow flish
comes trow skin
an dis new wirld
afore lang'll be aa
du's ivver kent
an du'll no mind
comin in tae wir wirld
ony mair as wi'll furgit it.

Wired

Every spike
every traverse of light
up the Y axis
was a sign of life
a stitch in the fabric
a beat of blood
embroidered in flat screen
green on black
a current carried
on the inspiration
a charge inhabiting
the habit of arteries
and when your love
which knows no
imitation holds me
I watch the darkness
disappear.

On losing his heart in a good way

And it's the furrowed brow
going over the top, planting
seeds that will grow
into thoughts, the petulant
pout pulling out all
the stops, the groping and grabbing
at thin air is in there and kicking out
is sticking no doubt to its game plan
of asking questions later –
it's anyone's race
in the early heats, treat
yourself to a ringside seat
if you'd like to meet with more
than just GSOH, life can be
a competition. What a result.
The smile won.

The only way

Ever tried? Ever failed? No matter. Try again. Fail again. Fail better.
SAMUEL BECKETT

Staundin bi da bedroom door
my fingirs in dy haunds
I'd hadd on
as lang as I wis able
lat de takk step
eftir step taward
a retreatin me,
reap dy penguin gaff.
Bit I keen laek da laevrik
du maun be slippit
afore du'll flee
an if du faa's
apö dy backside
dir nae odds
atween me an de
failin choost as weel as we can
wi ivviry step we takk.

Thule

I hear du comes fae da nort.
I wiss du wis anidder aert,
bit wiss or no, dy needles
cut athin my bein.
An yit me bein thanks de
fur da herdness at du gies me
reddir as da herdniss
at idder aerts could gie you.

Da Burn

A dim simmer hit wis dat year
I towt I'd try an jump da burn
aisy twice as wide as I
could ivvir hop ta clear.
Hit baptised me in naewhaarness
an dragged me wi hit's currents deep
alang a bank I didna keen
an couldna conquer.
Dat's whan I kent at I wis lost
an widna keen a bit o sense
until I saa da shingly beach
an taestit saat.

Quickening

n : the first motion of a foetus in the uterus felt by the mother usually somewhat before the middle of the period of gestation

All a kicking
after bedtime
a boot
in the belly
a waking up
to sleepless slumber
underneath
the ribcage
elbows protrude
make themselves
felt, tip
of the iceberg
this slow burn
bundle of life
reaching out,
the quickening.

Associate

No real surprise
she finds it hard to relax.
When you look at her past
its more than the odd week
she spent at Old Nick Investments,
limited perhaps to taking
the trash to task
but the old man always did
take a personal interest.
You'd laugh, if it wasn't
so close to home
but he'd hone his skills
on anything to fill those long
lonesome nights by the fire.
With that kind of attention
to detail, it's only a matter of time
before a little bit
of the magic rubs off.

Ecouter et Repeter

I wiss I'd entit
langir fae syne
as I'd prefer
whan aabody tellt me –
'Dis years is da best years
o dy life, boy.
Makk du da best a dem.
Du'll nivvir gjit dem back.'
If I'd a ony ecoutered
der widna be
da urgency
whan I repeter
laek a mantra –
'Dis years is da best years
o dy life, boy.
Makk du da best a dem.
Du'll nivvir gjit dem back.'

Venture

Slippin safe harbour
laek a Bloody Mary
doon da trot
o a eftinön aff
truth wid wade
fae da mooths
o babes if dey hedna
scuppered dir skiffs
pittin thrift afore
raisin dir een
tae fin da mirk
clearin i da lift.
Accoardin tae da charts
wi'll hae nae clear wattir
til wir sortit da brucks
o dis mettir o time an spaes
slalomin laek salmon at's sookit
da cowld steel o straet on
an towt better o hit.
Sae lang as da haund
bides on da tiller
da tail micht wag
da dug yit. Better
ta brakk apö da reef
as fester an crack
i da grave
o riskin nawtheen
an gainin dat sam.

Da windirs o technology

Sandstrøm, hit caas hitsel.
Du'd tink hit biggit
fir Hardanger fiddle
an Gammeldans, bit first glance
trow da graphic equaliser
presets (aa da power du haes)
comes up wi nae Fokk.
Good aald Rock, hit is
lat's Willie's strings
ring true, unlocks da keys
at Violet's fingirs
purl in, tedderin tunes
tae pure an perfect
time eftir time.
I left Lerwick harbour
dat lang fae syne
I maun win back in
trow da sooth moo
ta mind da wye o da lie
o da hills atween
Twageos an da Nort Ness,
bit da swall o da nots
swees da saat spray
o da starnward stare
itae my een, as I rowl
da volume skyward, fill
dis unkin air wi music
fae ayont da waves
lay a deep, owld anchor
fir da new Hi-Fi.

Guitar

I grab dy saft, roonded neck,
run me haund alang
pressin aa da points I keen,
ticklin, teasin, squeezin
aa da wye doon
whaar da curve o dy body
rests apö me
an my fingirs pu dy strings
lingerin abön dy openin
waetin fir dy cry
tae fill da air.

Something Fishy

A poem for St Andrew, patron saint of Scotland, Russia, Greece and Fishermen

Somethin ta dø
wi da wattir table.
I dunna keen,
A'm seen da plans
bit dir aa Greek
tae a meek aald bookish
fumbler fir da truth.
Mibbe be da boddom
o dis tumbler A'll sing
in tune, or den A'll be
sent doon, spun roond
laek a recoardeen
o Shostakovich's fifth,
no rushin tae ony conclusion
bit haein nae idder choice
dan tae fin wan.
Hit's no somethin sumeen did
or didna dø
at's San Andreas' faat.
Hit's in da wirin - brunt
be da fires da staurs hid.

Aniddir Setirdee Nicht In

Dooble glazed, his een
fan da back o da fire
laek da blackback bastard
fins da hirplin lamb
laek da bloodied siller
mackerel belly fins da haddock
i da mirk, an laek da rhone
abön da ben windock
fins da rain.
Hit's aisy eneoch
ta gjit some air in
whan da sun wins oot
bit da blackout blinds wis doon
da nicht, no a prick o licht
wid be shed apö da mönless malady
at sookit him, limpet stuck
bi da awppin stove door
feedin hit bricht an lang
wi washed up wid
brokkin i da kjist afore him
wi da dual fuel
o his love, an his loss.

Böd

Mirrir ir magnifyin
gless, a tide risin
laek a lambin sun
sinks stons anunder da saat
o aabody's faat, an da mortar
haes fun oot at dryin oot
nivvir lests, an hingin on
is aa dat's left, bidin in
wi da best company
du can keep, dan a slaet
slips, da tilly lamp pleepses
at dis wind's dat ill
du'll be lucky ta see
da lintel i da moarneen
if he comes ta de ava,
if du isna droond
aneath da birlinn
o da wattir roond da mön
aroond da wirld aroond
da hoidir ahint cloods,
da drier oot o hei,
da licht at blinds da een
at seeks new life
i da dim riv,
no tae ain hit
choost ta keep da boat
aflott.

Exposed

Dey wir nae licht
faain laek a tree
apö da carfuffle
o blankets liftin, sinkin
in time tae da sang
o birds at wisna dere.
Slowly, da mön peeled
a cover awa, lat da lift
see hir leegs as whicht
as cream clinging ta empty glesses.
Den, shø bellt da hail lock
apö da flair, stood prood
fir aa da wirld ta feast dir eyes wi.
Da heir tae a orchard
o fruitless laives an branches
awpinned his ee good ee,
saa he hedna bön granted
da reprieve he'd draemed he hed.

Half and half

I am the man
who walks through
the side door
and nods without
being nodded to.
I am the man
who sees cloth caps
folded on puddles
of spilt beer
as old men
mutter murder
beneath their breaths.
I am the man
who catches grannies
witching in shiny petticoats
murmuring miserly
incantations in front
of vodka tonics,
quietly cackling
wireless static
into a smoke free
private public.
I am the man
who hears
when the talking
stops as you step
into the room.
I am the man
who does not hear
when the talk turns

where it should
know better.
I am the man
who takes a half
knowing it's nothing
without another.

Drag

All mink coat
and nowhere to go
you'd think her royalty
teetering on Balmoral steps
but the limo never rolls up
for this queen.
In the mirk, you see her
as she really is
dragging deep on hand rolled
home grown mothers milk.
She takes her last, her only road.
She never takes the mick.

Leftover

Slip
to your lips
a kiss
of the ruby
precious red
shining
sultry gem
tempting
suck after
slurp after
swig until
she dances
off into the night,
leaves you nuzzling
into the perfume
that she left
on your empty glass
leaves you waiting,
wondering how
and when
you will share
each other next.

What we did before

When I look
into your eyes
I realise
that it took
all our lives
to find each other
and all the cries
of former lovers
are whimpers
in the night
and nothing's simpler
when it's right
than knowing
where we're going
means so much more
than what we did before.

Pechin

for JLW

Be da time he got here
he'd bön up an doon
dat mony hills dey aa
merged intae ee lang
endless run o göd days
an bad nichts, fleein
aa roond da flanks
o stubborn units
makkin dir wye
stret troo getts
o unkin pens,
aa alang da gaets
ta faur ower rigs
an back agien
dat mony times
dey wir nae new tricks
ta be lairnt tae him.
Ja, dir life
i da owld dug yit
an how,
bit he keens fine weel
he's caaed his hidmist yow.

Mead

Hit scunnirs me at sumbody
could come sae faur an try sae herd
an dø sae weel an persevere
an keep his boo abön da waves
an bail an row an sail an steer
an eftir aa da sweat an spray
is sokt him clean o wrang ideas
tae see him come sae closs an still
hae nae fent glimpse on his horizon
tae point himsel at, tae inspire him
dan yit he fins athin his hert
nae idder mead'll keep him gjaain
an even if he dusna keen fir sure he'll ivver win
da ony pliss he'd ivver tink ta want ta try ta be
is hom.

Child

A truth at kin nivver be tellt
does whit hit laeks
tae wha hit wants
whan in whaar
hit wishes hit wisna
trapped in a boil wash
cycle o denial,
nivver allooin
da indelible
stained haert
o anguish
ta release hit's aroma,
ta love da chains
at had it,
dir ace i da hol
langin ta end
da endless stream
o hurtful ignorance
tryin ta goad
da richt attention,
ta be pit in hit's place.
Ta be tellt.

Ay lairnin

Roosty, bit willin
eftir aa dese years
ta gie hit a go
hit's choost a mettir
a drappin da line.
'Bonjour ami. Comment ca va?'
Laek raisin da bairn
wi his ain ideas,
hit's aa gjaain fine
til dey start spaekin back.

Thicker than water

Du's da pulse
at tingles me fingirs
an taes wi rid hot
ruby coloured seas
brings me coordliness
an me coorseness
at wance apö dir knees
at fills me kjist
wi aa hit needs
ta makk da iddir side
alive, ta braithe
da perfume o bein
in dy airms, hom
ta keek me shøn aff
an settle doon
fir whit's left
o da time o my life.

Mercury

A bank o high pressure
moeuvs in fae da sooth
bringin wi hit warm air
good visibility
an calm condeeshins.
Dis dry spell looks set ta lest
lang eneoch fir reservoirs
ta start runnin low –
ower mony bars on da gless.
Dis'll gey wye
ta faain temperatures,
a lock o moisture i da air.
We can lippen tick fug
an banks clos tae burstin
durin dis unsettled period
as a depression
rowls in fae da nort –
ower mony glesses on da bar.

Invaders

for PG

'No tipping,' bedside manners
not included, midnight
excursions invading spaces
under canvas, carpet
munching dreaming beauties
wake to finger
underneath the empty
heads of beds, spinning
through breathtaking, elemental
cycle synchros, looking
likely never catching
sight of singers dancing
beaten two steps
on tacks they never
could predict.

In Pin

Sgurr Dearg, aka the Inaccessible Pinnacle, is included in Munro's tables of summits. Walkers who do not have rock climbing skills, equipment and experience cannot contemplate an ascent of the 'In Pin' without a guide.

He came armed with ropes,
pegs and harnesses
to propel him
up slopes whose summits
he mounted and though
he fashed
along the eastern ridge,
assaulted a colder face,
held footholds never
touched before
until he asked
there was no way
he'd ever get over himself,
find his way down
to the fertile pastures,
the warm winds
of the plain.

Clachan

after 'Ecclesiastes' by Aonghas Phadraig Campbell

Pit de haund doon
an whit's dere? Stons.
Stons i da aest, stons
i da wast, stons
as faur as du kin see
an whit's dis? Here
i da heart o aa dis stons
me an de, a drummin
laek clods bein shovelled
atil a Frytol bucket
athin wir kjists, stuck
wi dis ston a mine
as saft as da moss
at's growin a ower
at'll turn intae paet
an burn.

Troot

Wance I gjit
my huik
athin dy moo
I keen Ah'll dø
aathin I kin
ta makk de mine.
Ah'll lat de
sweem awa
if hit makks de
feel bettir
bit I keen
Ah'll no lat geeng
o da had
I hae apö
dy tongue
an du'll come
inta line
afore lang
fir me ta
blaa dy mind
an run dy boady
trow my fingirs
feelin da promise
o dy slime
infectin me
wi desire
at nivvir sleeps
atil I fill
dy cavity

wi love,
taest dy skin
an flysh
atween mi lips.

Burns

Da sun shone trow
da skylicht
an da lang caald
haet ston
bruised me taes
wi firgottin dreams.
Oo an feddirs
an boady haet
kept dat coarnir
o hoose at my haert
fae bein is caald
is da air.
A haund, a pyjamaed airm
oge itae da moarneen
pu socks onta itchy feet.
Tay sarks an jumpers
is shocked on in wan, leegs
shiver inta breeks.
I pick up da dry
pishin pot, creak
mi wye oot da door
an lat me smucks
grip ivviry step
ta brakkfist.
Da röf I slept aneath is gien,
da lumb'll nivver reek;
bit whaarivvir I wakk
da fire mi graundfeddir set fir me
at da boddom o da stair
'll low athin me bons.

Afore

Ah'm waetin here
an I realise
at fir de
aathin haes ta be
perfection
an dat's da wye hit sood be
bit ivvery time
da door awppins
I dunna see dy faes
ony see dy point.
Ah'm no ready
ta see fu da wirld
looks eftir de.

Truth

Da answer phone's caald
ublinkin licht
accuses me o da crime
at darena spaek hit's nem.
'Look at de,' hit seems ta say,
'Fir aa dy runnin aboot an rantin
an tinkin an bellin desel at life
an gallavantin, du's come hem
ower laet, an dis truth
can nivvir be erased.
Du haes nae new messages.'

From Light to Air

I breathe you, you
leave nothing to chance,
dance like the wind
in the yellowing sycamore
leaves, sit like the stone
beneath the cypress tree,
a shelter for the shattered
shell of a crustacean
who crabbed too far
for him to chew.
The seat I've carried
in my heart was built
for two, for me and you
to sit and taste
the time of day in.
Check your watch. Today you waft
yourself into my top notch.

Receipt

Gie me dy haund
an A'll gie de my haert.
Gie me dy boady
an A'll gie de my sowl.
Gie me dy love
an A'll gie de my life.
Gie me dy sel
an A'll gie de aa o me
fir aa o time.
So gie me dy haund.
An A'll gie de mine.

Puddles

Eftir da rain
bi da rodside
dey pop up
aa alang dy wye,
reflect da rays
o da moarneen sun.
Whan du wins
ta my age
du'll a lairnt
whit hit feels laek
ta hae weet feet,
wakk around dim
(mibbe even jump
if du's filskit)
bit makk sure
du minds da simple
pleasure o jumpin in
feet first
watchin da wattir
disappear
an come back ageen
laek hop.

Sandcastles

We biggit memories. Stappit weet
tideline saund richt doon

atil da buckets, turned dim oot
ta staund, feet steepin

i da simmir sun an ran
fae da saat, siller tongue

o da bay lickin hit's lips
wi hit's lungs fu o lost promise.

We couldna watch da waas
droon i da doontoom o spoots

an greenback crabs at cam ta takk
dominion ower wir peerie

pieds-a-mer. Syne we win back
wi'll big agien, an agien til wir taen

ayont da wattir's aedge, keengs
an queens o slippin hadd

o whit we canna keep.

Glossary

aathin	everything
anunder	underneath
apö	upon
athin	within
backlins	backwards
ben	living room
benkled	bent out of shape
böd	fishing station
brunt	burnt
coorse	coarse
dellin	digging
dim riv	dawn
dine	thine
dir	there
doo	dove
du	you
dy	your
ee	one (or eye)
een	eyes
eence	once
eneoch	enough
entit	listened
efddirs	feathers (or fathers)
filskit	high-spirited, excitable
fu	how, full
gaet	track
gaff	laugh
geeng	go
gied	gave, went

gien	gone, given
glinders	squints
heady craa	head over heels
hidmist	last
hock	to dig with one's hands
kjist	chest, box
laevrick	skylark
lift	sky
lippen	expect
lowe	burn
mead	a bearing, a point with which to navigate
meuld	earth, soil
neep	turnip
oge	crawl
oo	wool
ony	only
pechin	panting for breath
peerie	small
pleepse	complain
pliss	place
pock	pocket or Bag
raekin	reaching
rhone	guttering
rig	a ploughed field, a spine
rive	tear, rip
scrieve	write
scunnirs	annoys, exasperates
scurtfu	armful
selkies	seal people
shilpit	bitter
shoormal	shallow water
shø	she

shøn	shoes
siller	silver
smoorikins	kisses
spyglesses	binoculars
steuch	mess, confusion
sturken	harden
swee	sting
tay sarks	tee shirts
unkin	unknown
wye	way

Endorsements

Christie Williamson's new collection is fresh and clear: the mix of English and Shetlandic languages is balanced in ways that offer intimate registers as well as general appeal. People sounding out the words to themselves will recognise things both strange and uncannily familiar, since these are poems with power to move and also to provide real pleasure.
ALEXANDER HUTCHISON

A confident collection by a young Shetlander, with poetry in English and in Shetland dialect interwoven, side by side. The poems are short, sometimes urgent with quick turns, reflecting natural speech rhythms and sounds. They often catch an image or a thought in passing. There are several common threads, but love and desire are there; family life, reflections on fatherhood and inter-generational relationships too. Many are deeply personal.
CHRISTINE DE LUCA

In the poem Écouter et Répéter, Williamson cleverly reflects on his youthful lack of appreciation of parental words of guidance:

> *If I'd a ony ecoutered*
> *der widna be*
> *da urgency*
> *whan I repeter*
> *laek a mantra –*
> *'Dis years is da best years*
> *o dy life, boy.*
> *Makk du da best a dem.*
> *Du'll nivvir gjit dem back.'*

CHRISTINE DE LUCA

I've really enjoyed this manuscript: each poem slipping down the page – a smashing mix of the (gently?) philosophical and the genuinely surprising. Some of them are really really startling and you'd never get more than a handful of those kind of poems in any collection.

I liked all of these poems, and really loved some of these poems: they put me in mind of the sagas – I've a big soft spot for them. Their clean economy is there.

CHERYL FOLLON

Some other books published by **LUATH** PRESS

Nort Atlantik Drift
Alan Jamieson
ISBN 978-1-906307-13-4 HBK £15.00

Nort Atlantik Drift – the warm ocean current that runs past Shetland, keeping the climate mellower than equivalent latitudes anywhere else in the world.

For centuries Shetland's artistic tradition has been nurtured by the rhythms of the sea and the lyrical cadences of a unique dialect. Set halfway between Scotland and Norway, these North Atlantic isles have produced a distinct and vibrant culture. Robert Alan Jamieson mixes mythology, autobiography and history with photographs in a beautiful book not only for Shetlanders, but everyone who has visited, or dreams of visiting, 'Da Aald Rock'.

The North End of Eden
Christine De Luca
ISBN 978-1-906817-32-9 PBK £8.99

This poetry collection centres around the wildness and beauty of Shetland, and gives not only impressions of nature and landscape, but also deep insights into the island's inhabitants. It is illuminating for those interested in this captivating land at the edge of the British Isles, its extraordinary dialect, as well as for people from Shetland.

Scotia Nova: Poems for the Early Days of a Better Nation

Edited by Alistair Findlay and Tessa Ransford
ISBN 978-1-910021-10-1 PBK £7.99

In the wake of the 1979 Devolution Referendum, followed by the impact of Thatcherite policies on Scottish society, many Scottish writers and intellectuals began articulating the distinctiveness of Scottish literary, cultural, social and political traditions and outlooks. Some joined popular political campaigns, from opposing the Poll Tax and Trident to the Campaign for a Scottish Assembly, which led to a Scottish Parliament. Many now look forward to new possibilities for the future following the 2014 independence referendum with more confidence in the value and importance of our country's culture and politics, as these poems reveal.

100 Favourite Scottish Poems

Edited by Stewart Conn
ISBN 978-1-905222-61-2 PBK £7.99

Scotland has a long history of producing outstanding poetry. From the humblest but-and-ben to the grandest castle, the nation has a great tradition of celebration and commemoration through poetry. *100 Favourite Scottish Poems* – incorporating the top 20 best-loved poems as selected by a BBC Radio Scotland listener poll – ranges from ballads to Burns and from 'Cuddle Doon' to 'The Jeelie Piece Song'.

Edited by Stewart Conn, poet and inaugural recipient of the Institute of Contemporary Scotland's Iain Crichton Smith Award for services to literature (2006). Published in association with the Scottish Poetry Library.

Details of these and other books published by Luath Press can be found at: **www.luath.co.uk**

Luath Press Limited
committed to publishing well written books worth reading

LUATH PRESS takes its name from Robert Burns, whose little collie Luath (*Gael.*, swift or nimble) tripped up Jean Armour at a wedding and gave him the chance to speak to the woman who was to be his wife and the abiding love of his life. Burns called one of 'The Twa Dogs' Luath after Cuchullin's hunting dog in Ossian's *Fingal*. Luath Press was established in 1981 in the heart of Burns country, and now resides a few steps up the road from Burns' first lodgings on Edinburgh's Royal Mile. Luath offers you distinctive writing with a hint of unexpected pleasures.

Most bookshops in the UK, the US, Canada, Australia, New Zealand and parts of Europe either carry our books in stock or can order them for you. To order direct from us, please send a £sterling cheque, postal order, international money order or your credit card details (number, address of cardholder and expiry date) to us at the address below. Please add post and packing as follows: UK – £1.00 per delivery address; overseas surface mail – £2.50 per delivery address; overseas airmail – £3.50 for the first book to each delivery address, plus £1.00 for each additional book by airmail to the same address. If your order is a gift, we will happily enclose your card or message at no extra charge.

Luath Press Limited
543/2 Castlehill
The Royal Mile
Edinburgh EH1 2ND
Scotland

Telephone: 0131 225 4326 (24 hours)
email: sales@luath.co.uk
Website: www.luath.co.uk